BEI GRIN MACHT SICH IHR WISSEN BEZAHLT

- Wir veröffentlichen Ihre Hausarbeit, Bachelor- und Masterarbeit

- Ihr eigenes eBook und Buch - weltweit in allen wichtigen Shops

- Verdienen Sie an jedem Verkauf

Jetzt bei www.GRIN.com hochladen und kostenlos publizieren

Christian Ziemann

Aus der Reihe: e-fellows.net stipendiaten-wissen

e-fellows.net (Hrsg.)

Band 699

Theorie des ökonomischen Wählens in "The American Voter Revisited"

GRIN Verlag

Bibliografische Information der Deutschen Nationalbibliothek:

Die Deutsche Bibliothek verzeichnet diese Publikation in der Deutschen National-
bibliografie; detaillierte bibliografische Daten sind im Internet über http://dnb.d-
nb.de/ abrufbar.

Impressum:

Copyright © 2013 GRIN Verlag GmbH
Druck und Bindung: Books on Demand GmbH, Norderstedt Germany
ISBN: 978-3-656-41607-4

Dieses Buch bei GRIN:

http://www.grin.com/de/e-book/213440/theorie-des-oekonomischen-waehlens-in-
the-american-voter-revisited

GRIN - Your knowledge has value

Der GRIN Verlag publiziert seit 1998 wissenschaftliche Arbeiten von Studenten, Hochschullehrern und anderen Akademikern als eBook und gedrucktes Buch. Die Verlagswebsite www.grin.com ist die ideale Plattform zur Veröffentlichung von Hausarbeiten, Abschlussarbeiten, wissenschaftlichen Aufsätzen, Dissertationen und Fachbüchern.

Besuchen Sie uns im Internet:

http://www.grin.com/

http://www.facebook.com/grincom

http://www.twitter.com/grin_com

Inhaltsverzeichnis

1 Einleitung

The American Voter Revisited [Lewis-Beck et al., 2008] untersucht das Wahlverhalten bei Präsidentschaftswahlen in den USA mit einem Fokus auf den Wahljahren 2000 und 2004. Die Autoren orientieren sich dabei sowohl inhaltlich als auch methodisch eng an einem Klassiker der amerikanischen Wahlforschung, *The American Voter* [Campbell et al., 1960]. Sie analysieren in 15 Kapiteln verschiedene Einflüsse auf die politische Einstellung und das Wahlverhalten der amerikanischen Wählerinnen und Wähler. In dieser Arbeit liegt der Schwerpunkt auf Kapitel 13 des Buches, welches sich dem Einfluss der Wirtschaftslage widmet.

Zuerst werde ich die dem Buch zugrunde liegende Theorie zusammenfassen und dabei einige zentrale Konzepte kurz erläutern. Im folgenden Abschnitt werde ich dann die Inhalte von Kapitel 13, *Economic Antecedents of Political Behavior*, vorstellen. Der abschließende Teil dieser Arbeit wird eine kritische Auseindersetzung mit dem Thema des retrospektiven bzw. prospektiven Wählens darstellen.

2 Theoretische Grundlagen

Dieser Abschnitt orientiert sich hauptsächlich an Kapiteln 2 und 6 des Buches. Für das Verständnis der weiteren Inhalte ist es es nützlich, sich mit dem Modell des Kausalitätstrichters und dem Konzept der Parteiidentifikation vertraut zu machen.

2.1 Kausalitätstrichter

Der Begriff des Kausalitätstrichters (*Funnel of Causality*) wurde von Philip E. Converse, einem der Koautoren von [Campbell et al., 1960] geprägt. Motivation war die Annahme, dass das Wahlverhalten multikausal geprägt ist. Der Versuch, so verschiedene Faktoren wie Beruf, Einkommen, soziales Umfeld, Alter oder Religion einzubeziehen, führt notwendigerweise zu einer Gewichtung und Sortierung. Diese lässt sich mit dem Bild eines Trichters veranschaulichen [Lewis-Beck et al., 2008, S. 22ff.]. Am Eingang fließen diverse potentielle Gründe für einen spezifischen Wahlentscheid ein. Der Trichter verjüngt sich, je weiter man sich dem Zeitpunkt der Wahl nährt, und jede Ebene wirkt sich kausal auf die nächste aus. In diesem Prozess werden mit jedem Schritt Informationen komprimiert, und weniger relevante Einflüsse gehen verloren. Am Ende verlässt eine einzige Information, der Wahlentscheid, den Trichter.

Die Politikwissenschaft versucht nicht nur die relevanten Größen zu identifizieren, sondern auch ihren kausalen Zusammenhang untereinander zu bestimmen – dies entspricht der Einordnung an der richtigen Stelle im Trichter. Sobald die Kausalität geklärt ist, kann man versuchen den genauen Wirkmechanismen auf den Grund zu gehen. Ein mögliches Trichterschema ist in Abb. 1 illustriert.

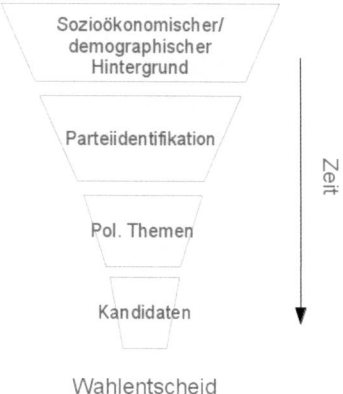

Abbildung 1: Kausalitätstrichter. Abb. nach [Lewis-Beck et al., 2008, S. 23]

2.2 Parteiidentifikation

Die Autoren machen ausgiebigen Gebrauch vom Begriff der *Party Identification*, also der Parteiidenfikation. Gemeint ist die Affinität eines Wählers oder einer Wählerin zu einer bestimmten Partei. Im Gegensatz zu einzelnen Wahlentscheiden und Sympathien für spezielle Kandidaten bleibt die Parteiidentifikation meist über lange Zeiträume stabil [Lewis-Beck et al., 2008, Kap. 6/7]. Die Theorie besagt, dass Menschen entsprechend ihrer Parteiidentifikation wählen, sofern keine außerordentlichen Gründe (z.b. Kriege oder Wirtschaftskrisen) dagegen sprechen. Die Parteiidentifikation darf nicht mit der Mitgliedschaft in oder dem Engagement für eine Partei verwechselt werden, und sie determiniert in keinem Fall einen bestimmten Wahlentscheid. Trotzdem handelt es sich um ein nützliches Werkzeug, vor allem wegen der starken Korrelation mit o.g. Größen und der erwähnten zeitlichen Konstanz.

Die Parteiidentifikation wird in Studien durch die Selbsteinschätzung der Befragten ermittelt, die gebeten werden, sich auf einer siebenpunktigen Skala im Spektrum Demokratisch-Republikanisch einzuordnen. Je nach Bedarf wird bei der Analyse dann zu fünf oder sogar nur drei Rubriken (Demokraten/Unabhängige/Republikaner) aggregiert.

Im Modell des Kausalitätstrichters wird die Parteiidentifikation relativ nah am Eingang eingeordnet. Man geht davon aus, dass sie vor allem durch soziale und demographische Faktoren geformt wird und ihrerseits kausal für die Einstellung zu politischen Sachfragen (*Issues*) verantwortlich ist.

3 Kapitel 13

In diesem Kapitel mit dem Titel *Economic Antecedents of Political Behavior*[1] untersuchen die Autoren den wechselseitigen Einfluss zwischen der Wahrnehmung der Wirtschaftslage und der politischen Einstellung der Wählerinnen und Wähler.

3.1 Motivation und Hypothesen

In den vorhergehenden Kapiteln wurde der Einfluss von sozioökonomischem Hintergrund und der sozialen Klasse auf die politische Einstellung untersucht, mit uneinheitlichen Ergebnissen [Lewis-Beck et al., 2008, Kap. 11/12]. Als Grund dafür wird angeführt, dass sich die meisten Amerikaner nicht (mehr) stark mit einer Klasse identifizieren. Im Gegensatz dazu sind fast alle Wählerinnen und Wähler sehr an ihrer persönlichen Finanzlage interessiert und in Konsequenz auch an dem Zustand der nationalen Wirtschaft. Die Vermutung, dass Wirtschaftszahlen ein wichtiger Faktor beim Wahlentscheid sind, liegt nahe. Dabei lautet die Hypothese, dass eine gute Wirtschaftslage von Vorteil für den Amtsinhaber ist, während eine schwächelnde Wirtschaft oder gar eine Krise dem Herausforderer nutzt. Wenn sich eine solche Korrelation ergeben sollte, muss noch die Kausalität geklärt werden. Dazu muss übeprüft werden, wie die politische Grundeinstellung (d.h. die Parteiidenfikation) die Wahrnehmung der Wirtschaftslage prägt.

Wichtige Variablen, die in den Umfragen[2] 2000 und 2004 betrachtet wurden, waren in diesem Zusammenhang die Angst vor Arbeitslosigkeit, die Beurteilung der eigenen bzw. familiären finanziellen Situation, die Bewertung der Wirtschaftspolitik des Präsidenten und der sogenannte *economic outlook*.

3.2 Angst vor Arbeitslosigkeit

Als Einstieg und ersten Beleg für ihre Hypothese untersuchen die Autoren die Konsequenzen eines als schwierig empfundenen Arbeitsmarktes für das politische Denken und Handeln. Die Befragten, die sich besorgt äußerten[3], stimmten 2000 zu 53% für die Republikaner und 2004 zu 62% für die Demokraten. In beiden Fällen wünschten sich die von Arbeitslosigkeit Bedrohten also einen Machtwechsel. Auch bewerteten sie die Wirtschaftspolitik des jeweils amtierenden Präsidenten mehrheitlich negativ [Lewis-Beck et al., 2008, S. 367–369].

Nun ist denkbar, dass diese Einschätzungen von der Parteiidentifikation geprägt werden und Wähler/innen die Lage allgemein optimistischer einschätzen, wenn ein Präsi-

---

[1] dt.: Ökonomische Vorläufer von politischem Verhalten

[2] Die Daten wurden in den *National Election Studies* erhoben, bei denen vor und nach den Wahlen eine große Zahl persönlicher Interviews durchgeführt wurden.

[3] Die Formulierung der Frage war, ob die Jobsuche bzw. die Arbeitslosigkeit sich in den letzten Jahren verbessert oder verschlechtert habe.

Parteiidentifikation	Besorgt			Nicht besorgt		
	Dem.	Unabh.	Rep.	Dem.	Unabh.	Rep.
Zustimmung	13.2	26.5	64.7	16.7	37.0	87.0
Ablehnung	86.8	73.5	35.3	83.3	63.0	13.0

Tabelle 1: Zustimmung zur Wirtschaftspolitik von G.W. Bush, unterteilt nach Parteiidentifikation und Sorge wegen Arbeitslosigkeit (2004). Nach [Lewis-Beck et al., 2008, S. 369].

dent ihrer eigenen Partei im Amt ist. Dies macht eine Aufschlüsselung der erwähnten Daten nach Parteiidenfikation notwendig, wie sie in Tab. 1 geschehen ist. Man sieht erwartungsgemäß, dass Anhänger der Republikaner grundsätzlich größere Zustimmung zu George W. Bush zeigten als Anhänger der Demokraten. Auch beurteilten Republikaner zum Zeitpunkt der Befragung ihre Jobsituation deutlich optimistischer als Demokraten [Lewis-Beck et al., 2008, 368]. Allerdings ist diese Zustimmung nicht bedingungslos: Über ein Drittel (35.3%) derjenigen, sich als republikanisch identifizieren, waren mit Bushs Wirtschaftspolitik unzufrieden, wenn sie ihre persönliche Jobsituation negativ einschätzen.

Man kann also festhalten, dass die politische Prägung des Individuums die Wahrnehmung der Wirtschaftslage verzerrt, dass die Sorge vor Arbeitslosigkeit aber über die Parteigrenzen hinweg dem Präsidenten schaden kann.

3.3 Economic Outlook

Zum Ziel der Verallgemeinerung des obigen Ergebnisses wünscht man sich eine Variable, die über spezifische Themen wie Arbeitslosigkeit oder Inflation hinausgeht und das Gesamtbild erfasst, das Wähler/innen von der Wirtschaftslage haben. Die Autoren verwenden dafür den Begriff des *economic outlook*[4], der möglichst allgemein zusammenfassen soll, wie die Befragten die Entwicklung der Wirtschaft bewerten[5].

Hierbei ist wiederum eine Unterteilung möglich in Mikro- und Makroökonomie, also in die eigene Finanzlage und in die Situation der nationalen Wirtschaft, möglich. Dazu wird die Antwort auf die Frage „Würden Sie sagen, dass es Ihnen (und Ihrer Familie) finanziell besser, schlechter oder ungefähr gleich geht wie vor einem Jahr?" ausgewertet, und eine analoge Formulierung für die Gesamtwirtschaft. Die Analyse kürze ich hier ab, denn das Ergebnis ist ähnlich zum letzten Abschnitt: Menschen mit negativem *economic outlook* haben sowohl 2000 als auch 2004 mehrheitlich gegen die regierende Partei gestimmt [Lewis-Beck et al., 2008, S. 370–374].

Im Folgenden untersuchen die Autoren den Einfluss der sozialen Klasse auf den *eco-*

---

[4] dt.: Wirtschaftlicher Ausblick
[5] Erstmals wurde diese Variable schon in [Campbell et al., 1960, Kap. 14] eingeführt.

	Demokraten			Unabhängige			Republikaner		
	−	=	+	−	=	+	−	=	+
Persönliche Finanzlage									
Bush	4	3	18	22	41	56	86	95	96
Kerry	96	97	82	78	59	44	14	5	4
Nationale Wirtschaftslage									
Bush	3	12	32	20	45	82	84	94	97
Kerry	97	88	68	80	55	18	16	6	5

Tabelle 2: Wahlverhalten 2004, nach persönlichem und gesamtwirtschaftlichem *economic outlook* und Parteiidenfikation aufgeschlüsselt. −/=/+ steht für „... ist schlechter/gleich/besser geworden". Nach [Lewis-Beck et al., 2008, 376].

nomic outlook. Sollte sich nämlich herausstellen, dass sozioökonomische Variablen sowohl den Wahlentscheid als auch die Bewertung der Wirtschaftslage kausal beeinflussen, wäre der beobachtete Zusammenhang nur eine Scheinkorrelation. Es stellt sich aber heraus, dass Klassenzugehörigkeit sich nicht wesentlich auf den *economic outlook* auswirkt, die Autoren sehen sich also in der Einführung dieser Größe als unabhängige Variable bestätigt. Soziale Klasse wird im Rest des Kapitels nicht weiter behandelt[Lewis-Beck et al., 2008, S. 371f.].

Ebenso wie beim Thema Arbeitslosigkeit müssen die Daten noch um die Parteiidentifikation bereinigt werden, um auch in dieser Hinsicht eine Scheinkorrelation auszuschließen. In Tab. 2 ist dies aufgeführt. Vor allem bei den Befragten, die sich als unabhängig einstufen, ist der Effekt des *economic outlook* deutlich zu sehen. Je optimistischer die Einschätzung, desto größer war die Wahrscheinlichkeit für den Amtsinhaber zu stimmen. Aber auch bei den Anhängern der Demokraten und Republikaner spielt der *economic outlook* eine große Rolle und führt auf beiden Flügeln zu Stimmen gegen den eigenen Kandidaten.

Der Hauptteil des Kapitels endet an dieser Stelle mit der Feststellung, dass die Wirtschaftslage das Wahlverhalten entscheidend beeinflussen kann und damit eine Einordnung in den Kausaltrichter (vgl. Abschnitt 2.1) verdient hat. Die genaue Position in der Kausalkette unterscheidet sich natürlich zwischen Individuen, je nach deren Interesse an und Betroffenheit durch Wirtschaftspolitik. Im Durchschnitt ordnen die Autoren die Variable des *economic outlook* als Vermittler zwischen statischen Größen wie Parteiidentifikation und dem Wahlentscheid ein[Lewis-Beck et al., 2008, S. 376f.].

Schließlich fassen sie ihre Ergebnisse noch einmal zusammen: Die Entwicklung der nationalen Wirtschaft, und in vergleichbarem Maße die persönliche Finanzlage, wird als Aufgabe des regierenden Präsidenten betrachtet. Entsprechend wird der Amtsinhaber bei Wahlen abgestraft, wenn die Wirtschaftszahlen enttäuschen, und kann sich bei einer florierenden Wirtschaft gute Chancen auf eine Wiederwahl ausrechnen.

3.4 Diskussion

Wie die meisten Kapitel des Buches endet auch dieses mit einem Diskussionsteil. Hier werden verschiedene Theorien mit Bezug zum Ökonomischen Wählen angerissen und kontroverse Positionen vorgestellt[Lewis-Beck et al., 2008, S. 377ff.]. Ich will allen angesprochenen Punkten je einen Absatz widmen, mich aus Platzgründen aber kurz halten.

Die Frage nach der psychologischen Verbindung zwischen der wahrgenommenen Wirtschaftslage und dem Wahlentscheid hat zwei diametral verschiedene Theorien des Ökonomischen Wählens hervorgebracht. Auf der einen Seite wird die Theorie des *retrospektiven* Wählens vertreten, die das Wahlverhalten als Belohnung oder Strafe für die Politik der letzten Amtszeit(en) deutet. Für diesen Standpunkt spricht vor allem, dass Entscheidungen prinzipiell nur mit Erfahrungswerten aus der Vergangenheit begründet werden können. Auf der anderen Seite steht das Modell vom *prospektiven* Wählen, nach dem die Wähler/innen sich für die Partei entscheiden, von der sie in der kommenden Amtszeit die bessere Wirtschaftspolitik erwarten. Einige moderne Ansätze versuchen auch, Ideen aus beiden Theorien zu kombinieren, so dass die Trennung an Bedeutung verliert.

Die Vielzahl von denkbaren Variablen, die in den Kausalitätstrichter einfließen können, macht eine Aggregierung notwendig. Statt einer Vielzahl makroökonomischer Größen betrachtet man beispielsweise nur das Bruttoinlandsprodukt (*Gross Domestic Product*, GDP) und aus den zahlreichen in Umfragen erhobenen Werten wählt z.B. man allein die Beliebtheit des Präsidenten als maßgeblich aus. Nach dieser drastischen Vereinfachung ist es möglich, ein einfaches mathematisches Modell für den Wahlausgang in Abhängigkeit von wenigen Variablen zu entwickeln. Die Probleme bei diesem Ansatz sind, dass erstens eine große Menge an potentiell wichtiger Information ignoriert wird und dass zweitens in keiner Weise Konsens darüber herrscht, welche *Aggregationsfunktionen* am geeignetsten sind. Letztlich sind solche Modelle auch nicht in der Lage, Aussagen über Kausalität zu machen; sie schützen nicht vor Scheinkorrelationen.

In Abschnitt 3.3 hatten wir von einem signifikanten Effekt des *economic outlook* auf den Wahlentscheid berichtet. Als naheliegenden Wirkmechanismus schlägt das retrospektive Wahlmodell vor, dass ein Rückgang beim eigenen Haushaltseinkommen dem Präsidenten angelastet wird. Man spricht von *pocketbook voting*[6]. Während dieser Effekt für die Wahl 2004 deutlich erschien, zeichnet sich im langfristigen Rahmen ein weniger eindeutiges Bild ab. Bei der Analyse vergangener Präsidentschaftswahlen unter Berücksichtigung weiterer Variablen lässt sich *pocketbook voting* nicht schlüssig nachweisen. Hingegen erweist sich die gesamtwirtschaftliche Komponente des *economic outlook* als signifikante Variable für den Wahlausgang. Im Gegensatz zum *pocketbook* spricht man hier von einer *soziotropen* Variable, also einer Größe, die die Gesellschaft als Ganzes betrifft.

Ob auch das prospektive Modell eine gute Erklärung für ökonomisches Wählen bietet, ist

---

[6] dt.: Geldbörsen–Wählen

weniger klar. Aber auch hier stehen soziotrope Effekte klar im Vordergrund.

In der Praxis hat der Präsident nur einen sehr begrenzten Einfluss auf die nationale Wirtschaft. Nicht nur wird seine Macht durch die Gewaltenteilung beschränkt, auch innerparteiliche Opposition beschneidet seine Handlungsfähigkeit in der Wirtschaftspolitik. Im Sinne des retrospektiven Wahlmodells müsste dies sich auf die Stärke des ökonomischen Wählens auswirken, da für ein Belohnungs-/Bestrafungsmodell eine Verantwortung des Präsidenten vorausgesetzt wird. Es wurde aber gezeigt, dass die wahrgenommene Einigkeit der Regierungspartei (als Maß für die Handlungsfähigkeit des Präsidenten) keinen solchen Einfluss hat. Der Präsident wird allgemein als *CEO of the Nation*, also als Hauptverantwortlicher für das wirtschaftliche Wohlergehen des Landes angesehen.

Eine wichtige Anwendung der Wahlforschung sind Wahlvorhersagen. Unter Verwendung von Aggregationsfunktionen lassen sich einfache multilineare Modelle[7] entwickeln, die für typische Wahlen quantitativ gute Prognosen abgeben[8].

Im Jahr 2000 sagten jedoch alle großen Prognoseteams einen Erdrutschsieg für Al Gore über George W. Bush voraus und lagen damit dramatisch falsch. Seitdem untersucht die Wahlforschung dieses Versagen ihrer Modelle. Nach der retrospektiven Wahltheorie hätte Gore gewinnen sollen, denn nach acht Jahren demokratischer Regierung befand sich die amerikanische Wirtschaft in ausgezeichnetem Zustand. Die erste Vermutung, dass nachlassendes Wirtschaftswachstum im Laufe des Jahres 2000 für Gores Wahlniederlage verantwortlich war, ließ sich nicht bestätigen. Stattdessen nimmt man inzwischen an, dass Gore kaum vom retrospektiven Wählen profitieren konnte, weil er nicht der Amtsinhaber war. Dass er in der regierenden Partei war und als Vizepräsident mitregiert hatte, hat ihm nicht geholfen, denn der Amtsinhaberbonus scheint nur dem Präsidenten selbst zugute zu kommen.

Die Autoren gehen kurz darauf ein, dass sie in ihren Modellen des ökonomischen Wählens vom idealen, typischen Wähler ausgehen. In der Realität ist die wahlberechtigte Bevölkerung aber sehr heterogen zusammengesetzt, und für viele Untergruppen gelten die oben erarbeiteten Zusammenhänge nicht mehr. Nichtsdestotrotz verteidigen die Autoren das idealisierte Modell als nützlich, da es den Einfluss der Wirtschaft auf den Wahlausgang gut beschreibt.

Die in Abschnitt 2 betrachteten unabhängigen Variablen waren sämtlich *subjektiv*, erfragten also die individuelle Wahrnehmung der Wirtschaftslage. Für quantitative Modelle werden hingegen oft *objektive* Kennzahlen verwendet wie das GDP oder die Arbeitslosenquote. Erstere wirken sich direkt auf den persönlichen Wahlentscheid aus, sind aber aufwändig zu messen und fehlerhaftet. Letztere sind gut bekannt, wirken aber nur indirekt und sehr unterschiedlich auf verschiedene Wähler/innen. Die Autoren empfehlen

---

[7] Als Beispiel wird eine einfache Formel gegeben, die den Stimmanteil des Amtsinhabers als Funktion der drei Variablen Beliebtheit des Präsidenten, verstrichene Amtszeit und GDP darstellt.

[8] Auch wenn sie keine bis wenig Erklärkraft besitzen.

den u.a. von ihnen entwickelten *National Business Index* (NBI), der beide Ansätze kombinieren soll und sich im Wesentlichen aus einer NES-Frage nach der Entwicklung des Geschäftsklimas ergibt.

Die Theorie des ökonomischen Wählens ist zwar allgemein akzeptiert, aber nicht unwidersprochen. Der Zusammenhang zwischen *economic outlook* und Wahl wurde als Scheinkorrelation bezeichnet, da beide im Kern von der Parteiidentifikation abhängen würden. Die Autoren verteidigen ihre Ergebnisse, geben aber den Bedarf an weiterer Forschung zu.

Im letzten Absatz betrachten die Autoren den möglichen Einfluss der sich weitenden Einkommensschere auf das Ökonomische Wählen, wagen aber noch keine gesicherten Schlüsse.

4 Kritik

In diesem Abschnitt werde ich mich kritisch mit dem oben vorgestellten Modell auseinandersetzen. Dabei will ich untersuchen, ob die im Buch vorherrschende Hypothese vom retrospektiven Wählen wirklich zu besseren Erklärungen führt als das prospektive Wählen, oder ob die Trennung vielleicht sogar obsolet ist. Die Bedeutung dieser auf den ersten Blick akademischen Diskussion ergibt sich daraus, dass unter Umständen Fehlanreize für Politiker/innen gesetzt werden, je nach Art des Wahlverhaltens.

In einem Review, das einige Jahre vor dem Buch erschien[Lewis-Beck und Paldam, 2000], schreibt der Hauptautor:

> The "theoretically correct" economist believes in *rational expectations* so voters should not be retrospective, but prospective. [...] However, most findings indicate that retrospective variables work better, if only marginally so.

Von der Annahme eines ideal rationalen Wählers ausgehend, müsste man also ein rein prospektives Wahlverhalten erwarten, während in der Realität retrospektives Wahlverhalten vorzuherrschen scheint. Mehrere Ansätze sind denkbar, um diesen Widerspruch aufzuheben.

Der Offensichtlichste ist, die Prämisse des rationalen Wählers aufzugeben, denn der Mensch ist bekanntlich kein *homo oeconomicus*. Allerdings ist man nun in der Schuld, ein besseres Modell vorzustellen, das erfolgreich das Wahlverhalten der Amerikaner erklärt und gleichzeitig nicht unbeherrschbar komplex wird.

Ein anderer Ansatz besteht darin, die Ergebnisse im Sinne des Modells umzuinterpretieren. Vielleicht wird tatsächlich prospektiv gewählt, und die Wahlforschung merkt es nicht, weil sie die falschen Fragen stellt? Immerhin wurde prospektives Wählen bisher deutlich weniger untersucht als retrospektives[Lewis-Beck und Paldam, 2000, Tab. 2].

Ein dritter und radikaler Ansatz bestreitet, dass prospektiv und retrospektiv überhaupt sinnvolle Begriffe sind. Letztendlich wird jede Entscheidung auf Basis von Erfahrungen der Vergangenheit getroffen, und wer für einen Regierungswechsel stimmt, verbindet damit fast immer die Hoffnung, dass die Lage in Zukunft besser wird. Einen rein retrospektiven oder rein prospektiven Wahlentscheid kann es in diesem Sinne also nicht geben. Diese interessante Idee werde ich hier aus Platzgründen nicht weiter verfolgen.

Ich möchte mich auf die erste Option konzentrieren. Meiner Meinung nach ist das Verhalten der amerikanischen Wähler/innen tatsächlich retrospektiv dominiert. Darauf weist neben zahlreichen Analysen der Wahl von 2008 (die bei der Erscheinung des Buches noch in der Zukunft lag) auch ein interessantes Experiment von J. Woon hin[Woon, 2012].

Woon hat in einer Laborumgebung eine spieltheoretische Modellsituation nachgestellt, in der einige Spieler die Rolle von Politikern übernehmen und andere die der Wähler. Die Politiker erhalten einen Typus zugeteilt, nach dem sie entweder an einer guten Politik oder hauptsächlich an ihrer Wiederwahl interessiert sind. Dann bekommen sie Information, anhand derer sie eine politische Entscheidung treffen. Die Wähler erhalten weniger Informationen, mit denen sie die Qualität der Entscheidung bewerten könnten, und wissen auch nichts über den Typus des Politikers. Sie werden dann aufgefordert, über die Wiederwahl des Politikers abzustimmen.

Würden die Wähler rein prospektiv entscheiden, müssten sie den Typus des Politikers zu erraten versuchen und in ihre Entscheidung mit einbeziehen. Im Falle einer retrospektiven Wahl würden sie ihre Entscheidung allein von der Bewertung der beobachteten Politik abhängig machen. Die klassische Spieltheorie, die bekanntlich von perfekt rationalen Akteuren ausgeht, sagt retrospektives *und* prospektives Handeln von Politikern und Wählern voraus[Woon, 2012, S. 8], das langfristig zu einem von zwei Gleichgewichtszuständen führen sollte. Im Experiment zeigte sich allerdings, dass das Verhalten der Teilnehmer/innen mit einem ausnahmslos retrospektiven Verhalten vereinbar war. Der Autor der Studie erklärt sich dieses Verhalten damit, dass retrospektives Wählen eine einfache und effektive Heuristik liefert [Woon, 2012, S. 3f.].

Es ist klar, dass der jahrelange Wettstreit zwischen den beiden Modellen des ökonomischen Wählens nicht von einer Studie entschieden werden kann. Aber Woons Ergebnisse stellen die Vertreter der prospektiven Wahltheorie vor Schwierigkeiten, weil sich die Annahme eines rationalen Wählers kaum noch halten lässt. In jedem Fall trägt das Experiment dazu bei, dieses immer noch recht unerforschte Feld ein wenig besser zu beleuchten.

Literatur

[Campbell et al., 1960] Campbell, A. et al. (1960). *The American Voter*. University of Michigan.

[Lewis-Beck und Paldam, 2000] Lewis-Beck, M. und Paldam, M. (2000). Economic voting: an introduction. *Electoral studies*, 19(2-3):113–121.

[Lewis-Beck et al., 2008] Lewis-Beck, M. S., Norpoth, H., Jacoby, W. G., und Weisberg, H. F. (2008). *The American Voter Revisited*. University of Michigan Press.

[Woon, 2012] Woon, J. (2012). Democratic accountability and retrospective voting: A laboratory experiment. *American Journal of Political Science*.